LES BONS MOTS DES ENFANTS

JESSICA CYMERMAN

LES BONS MOTS DES ENFANTS

Trop mignons, ils nous font voir le monde avec le sourire

SOLAR
EDITIONS

Pour Jules, Elsa et Roman

SOMMAIRE

1

CEUX SUR LE TEMPS QUI PASSE

LENA, 5 ANS,
DANS LA MAISON
DE CAMPAGNE DE SA COUSINE :

– MAMAN, À QUOI SERT
UN GRENIER ?

– À METTRE LES CHOSES
DONT ON N'A PLUS BESOIN,
LES VIEILLES CHOSES.

– AH ? EH BIEN,
IL FAUT Y METTRE PAPI !

ALORS QUE L'ORAGE GRONDE,
LA MAMIE DE NOÉ, 6 ANS, LUI DIT :

– Le temps est pluvieux.
– Encore plus vieux
que toi, mamie ?

ALEXANDRE, 5 ANS, AU COURS D'UN REPAS :

QUAND JE SERAI GRAND, JE SERAI UN PAPA ET ENSUITE UN GRAND-PÈRE. ET TOI, PAPA, TU SERAS OÙ QUAND MOI JE SERAI UN GRAND-PÈRE ?

LUCAS, 4 ANS, DEVANT UNE ANCIENNE PHOTO DE SA GRAND-MÈRE :

DE TON TEMPS, MAMIE,
LA VIE ÉTAIT VRAIMENT EN NOIR ET BLANC ?

ALMA, 5 ANS, JUSTE APRÈS LE DÉCÈS DE SON GRAND-PÈRE :

– AUJOURD'HUI, C'EST L'ANNIVERSAIRE DE TON ARRIÈRE-GRAND-MÈRE, ELLE A 94 ANS !

– AH ? ELLE AURAIT PAS UN PEU OUBLIÉ DE MOURIR ?

ROMANE, AU MOMENT DU COUCHER, LE JOUR DE SES 6 ANS :

MAMAN, LE TEMPS PASSE SI VITE,
JE N'AI RIEN VU VENIR.

GILDAS, 6 ANS, EN PLEINE DISCUSSION AVEC SON PAPA :

MAMIE, ELLE EST TRÈS VIEILLE ! ELLE A AU MOINS CENT ANS ! ELLE A PLEIN DE PETITS CHEMINS SUR ELLE.

JULES, 3 ANS, VISITANT UNE EXPOSITION SUR LES DINOSAURES AVEC SA GRAND-MÈRE :

ET LES DINOSAURES, TU EN AS CONNU QUAND TU ÉTAIS PETITE, MAMIE ?

SASHA, 4 ANS :

MAMIE, JE FROTTE TES MAINS AVEC DU SAVON PARCE QUE TU AS PLEIN DE TACHES QUI NE PARTENT PAS !

ELSA, 3 ANS, À TABLE AVEC SON PÈRE :

PAPA, QUAND EST-CE QUE TU SERAS PETIT, TOI ?

2

CEUX SUR LE SEXE

YAËL, 5 ANS, UN SOIR À SES PARENTS :

MA COPINE EST RENTRÉE DANS LA CHAMBRE DE SES PARENTS ET SA MAMAN ÉTAIT SUR SON PAPA ET LUI FAISAIT DE GROS BISOUS… MOI, QUAND JE RENTRE DANS VOTRE CHAMBRE, MAMAN FAIT TOUJOURS DODO À SA PLACE !

JEAN, 6 ANS, INTERROGE SA SŒUR CHARLOTTE, 9 ANS :

– TU SAIS CE QUE C'EST, TOI, UN SUPERMATOZOÏDE ?

– BAH OUI, JE SAIS, C'EST UN SUPER VAISSEAU SPATIAL !

ROCH, 6 ANS, À L'HEURE DE LA DOUCHE, DEVANT SA PETITE SŒUR :

– MAMAN, JE SAIS POURQUOI LES FILLES ONT LE ZIZI À L'INTÉRIEUR.

– POURQUOI ?

– PARCE QUE VOUS, LES FILLES, VOUS VOULEZ TOUJOURS QUE TOUT SOIT RANGÉ !

ELSA, 4 ANS ET DEMI, MONTRANT LE VENTRE DE SA MAMAN :

MAMAN, TU VEUX PAS DIRE À PAPA QU'IL TE METTE UNE GRAINE LÀ, J'AI BIEN ENVIE D'UNE PETITE SŒUR !

LAURETTE, 5 ANS, AU COURS D'UN REPAS FAMILIAL :

– QUAND JE SERAI GRANDE, JE VOUDRAIS ÊTRE PAPA.

– AH BON, POURQUOI ?

– PARCE QUE C'EST BIEN PLUS FACILE DE METTRE LA GRAINE QUE DE FAIRE LE BÉBÉ.

CLÉMENT, 4 ANS, À SA MAMIE :

MON PAPA, IL NE PORTE PAS DE PYJAMA, IL DORT EN ZIZI...

LOU, 4 ANS, DEVANT UNE PHOTO DE SA MÈRE ENCEINTE :

T'AS PAS DES PHOTOS DE QUAND PAPA A PLANTÉ LA PETITE GRAINE ?

JOSEPH, 7 ANS, À SA MÈRE :

– MAMAN, JE NE POURRAI AVOIR QUE 2 ENFANTS...

– AH BON, POURQUOI ?

– PARCE QUE JE N'AI QUE 2 PETITES BOULES... AU FAIT, COMMENT IL A FAIT, PAPA, POUR AVOIR 3 ENFANTS ?

AU MOMENT DU COUCHER,
LA MAMAN DE JULES, 2 ANS ET DEMI :

– IL FAUT QUE TU DORMES POUR GRANDIR. TES PETITES MAINS VONT GRANDIR, TON PETIT VENTRE VA GRANDIR, TES PETITS PIEDS VONT GRANDIR, TES PETITS...

– ET MON PETIT ZIZI, IL VA GRANDIR QUAND ?

– Maman, t'as un zizi ?
– Oui, mais pas un comme toi.
– T'as que des fesses ?!

GILDAS, 4 ANS

ROMANE, 4 ANS :

Mamie,
tu sais quoi ?
Les garçons, ils ont
des gesticules.

JAMES, 4 ANS, DEVANT SA MAMAN
QUI SORT DE LA DOUCHE :

En fait, maman, tu es un papa qui a perdu son zizi !

3

CEUX SUR LA VIE

UNE MAMAN, PENDANT UN CÂLIN AVEC SA FILLE ELSA, 7 ANS :

– JE T'AIME TELLEMENT, TOI. TU ES MERVEILLEUSE, TU ES LA PLUS MERVEILLEUSE. QUELLE CHANCE ON A !

– OUI, ENFIN SI LA GRAINE DE PAPA ÉTAIT ARRIVÉE 5 MINUTES APRÈS, ÇA AURAIT ÉTÉ UNE AUTRE PETITE FILLE ET TU LUI DIRAIS LA MÊME CHOSE.

– NON, PAS SÛR QUE JE LUI DIRAIS LA MÊME CHOSE.

– BAH SI, MAMAN. TOUS LES PARENTS TROUVENT QUE LEURS ENFANTS SONT LES PLUS SUPER !

CHRYSTEL, 4 ANS, EN REGARDANT L'ALBUM DE PHOTOS DE MARIAGE DE SES PARENTS :

– ET MOI, J'ÉTAIS OÙ, MAMAN ?

– TOI, TU ÉTAIS DANS MON VENTRE.

– HA ! TU M'AVAIS MANGÉE, COQUINE, MAIS JE SUIS RESSORTIE !

MATTHIEU, 5 ANS, UN SOIR, VERS 21 H 30 :

– PAPA, JE PEUX JOUER À LA WII ?

– NON, PAS CE SOIR, IL EST TARD.

– HÉ BEN ! ALORS, MA VIE EST FICHUE !

LOUISE, 6 ANS, DEVANT SA MÈRE, QUI EST EN GRAND MÉNAGE DE PRINTEMPS :

NON, MAMAN, TU NE PEUX PAS JETER MES FEUTRES, MÊMES CEUX QUI NE MARCHENT PLUS. ON A VÉCU TELLEMENT DE CHOSES EUX ET MOI. C'EST UNE PARTIE DE MON ENFANCE !

ALEXANDRA, 8 ANS :

LA VIE EST MAL FAITE : QUAND ON EST PETIT, ON VEUT ÊTRE GRAND, ET QUAND ON EST GRAND, ON VEUT ÊTRE PETIT !

DEVANT E.T., ROMUALD, 6 ANS, EST TRÈS ÉMU. IL A LES LARMES AUX YEUX ET SA SŒUR CLARA, 8 ANS, LUI DIT :

– POURQUOI TU PLEURES, T'ES UN BÉBÉ ?

– JE NE PLEURE PAS, JE TRANSPIRE DES YEUX.

PAUL, 6 ANS, SUR LE CANAPÉ, DEVANT LA TÉLÉVISION, UN BOL DE BONBONS À LA MAIN :

TU VOIS, PAPA, LA VIE, C'EST AUSSI SIMPLE QUE ÇA !

UN SOIR, LA MAMAN DE GASPARD, 6 ANS, PREND LA TÉTINE DE SON FILS ET LA JETTE :

– TU ES GRAND MAINTENANT, ÇA SUFFIT ! LA TOTOTTE, C'EST POUR LES BÉBÉS !

– TU VIENS DE M'ENLEVER MON BONHEUR. LA VIE NE SERA PLUS PAREILLE MAINTENANT...

Mon papa est noir, ma maman est blanche, et moi je suis un arc-en-ciel !

ANAÏS, 5 ANS

NATHAN, 5 ANS, SOUS UNE PLUIE BATTANTE :

LA PLUIE, C'EST COMME DES MIETTES D'EAU !

Les sous, ça s'achète où ?

ELSA, 5 ANS

AU MARIAGE JE SUIS DEMOISELLE DE BONHEUR.

CHARLOTTE, 9 ANS,
AU MOMENT DES DÉBATS SUR
LE MARIAGE POUR TOUS :

– MAMAN, ON EST QUOI NOUS, COMME FAMILLE ?

– HEIN ?

– ON EST UNE FAMILLE MONOPARENTALE ? HOMOPARENTALE ?

– NON ! TRADITIONNELLE !

– QUOI ?????? TRADITIONNELLE ??? MAIS C'EST VRAIMENT PAS ORIGINAL !!! DE QUOI J'AI L'AIR, MOI, À L'ÉCOLE ?

ELSA, 6 ANS,
EN PLEIN CÂLIN AVEC SA MAMAN :

Et en fait, maman, on s'est rencontrées où, toi et moi ?

À L'ÉCOLE, LA MAÎTRESSE DEMANDE À SARAH, 5 ANS :

– Tu veux faire quoi quand tu seras grande ?

Elle répond :

– Je ne veux pas être grande, c'est que des soucis d'être adulte.

SIMON, 5 ANS,
AU MOMENT DES DEVOIRS :

– J'aurais vraiment préféré être bête, maman.

– Pourquoi, chéri ?

– Ben, quand on est bête, on est toujours heureux, on ne doit réfléchir à rien !

LA PRISE DE CONSCIENCE D'AUGUSTIN, 8 ANS :

– Maman, en fait, c'est toi et papa qui m'avez créé ?

– Oui.

– Mais... mais sans vous, je ne serais pas là ?

– Probablement pas, non.

– Comme quoi... la vie tient à pas grand-chose !

ELSA, 6 ANS,
À SON PETIT FRÈRE D'UN AN QUI
POUSSE DES CRIS DANS LE BAIN :

Bon,
maintenant ça suffit, tu n'es
plus un bébé, tu es un homme !
Tu as un an !

MILA, 5 ANS,
EXPLIQUE À SON PÈRE :

– PAPA, MOI JE SUIS POUR LE MARIAGE GAY !

– TU SAIS CE QUE C'EST ?

– BAH OUI... C'EST UN MARIAGE QUI EST JOYEUX !

MAMAN, QUAND LE SOLEIL JOUE À CACHE-CACHE AVEC LES NUAGES, QUI EST-CE QUI COMPTE ?

NOAH, 5 ANS

MAMAN, JE COMMENCE À AVOIR 4 ANS.

MANON, PRESQUE 4 ANS

NINA, 5 ANS, À SA MÈRE QUI LUI INTERDIT, POUR LE 3E SOIR DE SUITE, D'ALLER DORMIR CHEZ UNE COPINE :

J'EN AI MARRE, TU ME LAISSES PAS VIVRE MA VIE !!

Maman, quand je suis née, j'avais quel âge ?

NINA, 5 ANS

Maman, si c'est toi qui m'as fabriquée dans ton ventre, t'as aussi collé tous mes ongles ?

MAËLLE, 4 ANS

ROMANE, 3 ANS, AU MOMENT D'ALLER À L'ÉCOLE :

C'ÉTAIT PLUS FACILE QUAND J'ÉTAIS UN BÉBÉ !

JULES, 5 ANS, DEVANT LES BARBAPAPAS À LA TÉLÉVISION :

Oh ! La la ! Ce dessin animé me rappelle mon enfance.

Maman, il t'a trouvée où, papa ?

LIAM, 5 ANS

MATTHIEU, 7 ANS, SE LÈVE À 6 H 45 UN SAMEDI MATIN. SA MAMAN LUI FAIT SAVOIR QUE C'EST UN PEU TÔT. CE À QUOI IL RÉPOND CALMEMENT ET COMME UNE ÉVIDENCE :

Mais voyons, maman... l'avenir appartient à ceux qui se lèvent tôt !

À SA MÈRE, QUI SE DONNE DU MAL POUR EMMENER SES ENFANTS AU MUSÉE, AU PARC, PUIS AU CINÉMA, JOSHUA, 5 ANS, DIT D'UN AIR DÉSEMPARÉ :

MAIS POURQUOI TU NOUS FAIS SUBIR TOUT ÇA ? POURQUOIIIIII ?

MATTHIEU, 5 ANS, DEMANDE À SA MAMAN QUI EST ENCEINTE SI ELLE ATTEND UN PETIT FRÈRE OU UNE PETITE SŒUR :

– On ne sait pas, c'est le Bon Dieu qui décide !

– Ah bon, il y a pas d'étiquettes ?

4

CEUX SUR LA MORT

EN PLEIN QUESTIONNEMENT SUR LA VIE ET LA MORT, HUGO, 6 ANS, DEMANDE :

– MAIS, PAPA, IL SE PASSE QUOI APRÈS LA MORT ?

– ON MONTE AU CIEL AVEC UNE GRANDE ÉCHELLE ET ON RETROUVE TOUS SES AMIS ET SA FAMILLE AU PARADIS.

– MAIS, PAPA, TU ME PRENDS POUR UN IDIOT OU QUOI ? EN VRAI, IL SE PASSE QUOI ? JE PEUX TOUT ENTENDRE, TU SAIS !

JOSEPH, 8 ANS :

– PAPA, TU SERAS MORT QUAND ?

– DANS TRÈS LONGTEMPS… NE T'INQUIÈTE PAS !

– JE NE SUIS PAS INQUIET, JE VOULAIS JUSTE SAVOIR QUAND JE POURRAIS RÉCUPÉRER TON IPAD.

LORSQUE SA MAMIE MEURT, LÉO, 6 ANS, DEMANDE À SA MAMAN :

– ON VA L'ENTERRER OÙ ?

– DANS LA TOMBE AVEC PAPI.

– GÉNIAL ! ILS VONT POUVOIR SE FAIRE DES CÂLINS !

LA MAMAN DE COLINE, 6 ANS, LUI DIT :

– JE VAIS À UN ENTERREMENT SAMEDI.

– COMMENT IL T'A INVITÉ PUISQU'IL EST MORT ?

Quand on meurt, c'est pour toute la vie ?

NOA, 4 ANS

MAËLLE, 8 ANS,
DEVANT UN CIMETIÈRE :

OH ! UN PARC À TOMBES !

JULES, 7 ANS, TRÈS INQUIET EN PENSANT À LA MORT DE SA MAMAN :

MAMAN, QUAND TU SERAS MORTE, JE METTRAI UN PORTABLE DANS TA TOMBE. COMME ÇA, TU POURRAS M'APPELER ET ME DIRE SI LE PARADIS EXISTE.

ALMA, 5 ANS, JUSTE APRÈS LE DÉCÈS DE SON GRAND-PÈRE :

PAPI, IL EST MORT PARCE QU'IL ÉTAIT PÉRIMÉ ?

LOU, 4 ANS, FACE À SA MÈRE QUI SOUFFRE DU DOS :

T'INQUIÈTE PAS, MAMAN, QUAND TU SERAS MORTE, TU N'AURAS PLUS MAL AU DOS !

APRÈS LE DÉCÈS DE SON GRAND-PÈRE, EMMA, 6 ANS, DIT À SON PÈRE :

QUAND J'Y PENSE, PÉPÉ ET MARRAINE DOIVENT BIEN S'AMUSER DANS LE CIEL ! ELLE EST OÙ L'ÉCHELLE POUR ALLER LES VOIR ?

MANON, 4 ANS :

EH OUI, POUR LES POISSONS, C'EST COMME ÇA LA VIE : QUAND Y'A PLUS D'EAU, Y MEURENT !

BENJAMIN, 7 ANS :

*Maman,
quand tu seras morte,
je pourrai te recycler
dans la poubelle faite
pour ça ?*

ELSA, 5 ANS :

MAIS, MAMAN,
QUAND JE SERAI MORTE
MOI AUSSI, COMMENT JE FERAI
POUR TE RETROUVER AU PARADIS ?
TU SERAS À QUELLE
ADRESSE ?

PÉNÉLOPE, 6 ANS,
AU CIMETIÈRE DEVANT
LA TOMBE DE SA GRAND-MÈRE :

**Mais, au fait,
si mamie est dans le ciel,
qui est dans sa boîte
au cimetière ?**

RAPHAËL, 5 ANS,
À L'ENTERREMENT DE SON CHAT :

**Eh bien maintenant,
on a plus qu'à l'arroser
pour qu'il repousse !**

– QUAND ON MEURT,
ON VA AU VESTIAIRE !
– QUOI ??
– OUI, AU VESTIAIRE,
AVEC LES TOMBES
ET TOUT...

JULES, 5 ANS

MAMAN,
MOI JE CROIS
QUE J'AIMERAIS PAS
TROP MOURIR...
ET TOI ?!

JOSHUA, 6 ANS

LES VEUVES,
C'EST LES FEMMES
DES VEUFS ?

JESSICA, 6 ANS

AVANT D'ÊTRE
NÉ, J'ÉTAIS OÙ ?
J'ÉTAIS MORT ?

BASILE, 4 ANS

5

CEUX PLEINS DE LOGIQUE

DANS LA RUE, UNE FEMME FAIT UN MALAISE.
MANON, 4 ANS, REMARQUE :

LA DAME, ELLE S'EST ENDORMIE DANS LES POMMES.

*Maman, c'est drôle,
toutes les mamans
s'appellent Maman !*

ELSA, 3 ANS

GARANCE, 4 ANS,
À SON COUSIN QUI ÉCRIT PAPA
SUR SON DESSIN :

OH, TON PAPA À TOI, IL S'ÉCRIT COMME MON PAPA À MOI !

PAULINE, 4 ANS,
AU CENTRE ÉQUESTRE :

Un cheval qui hennit, ça veut dire qu'il aboie ?

NINA, 3 ANS,
SE REGARDANT DANS LE MIROIR :

Waouh, elle est trop trop belle cette fille !

JEAN-GASPARD, 5 ANS :

MAIS, MAMAN, LA PETITE SIRÈNE, COMMENT ELLE FAIT POUR ALLER AUX TOILETTES ?

NOAM, 2 ANS ET DEMI, À SA MÈRE QUI RENTRE DE LA MATERNITÉ AVEC SA PETITE SŒUR QUI VIENT DE NAÎTRE :

Maman, pourquoi on a ajouté Nina à la maison ?

THOMAS, 4 ANS :

Ça fait du bruit quand la nuit tombe ?

CLÉMENT, 5 ANS, VIENT DE FAIRE DE LA TROTTINETTE. IL RENTRE À LA MAISON ET, MONTRANT SES GOUTTES DE SUEUR :

MAMAN, REGARDE MES LARMES DE CHAUD !!!

MATHURIN, 6 ANS, DIT À SA MÈRE, APRÈS UNE DISPUTE AVEC SON FRÈRE :

– MAMAN, LOUIS M'A TAPÉ !

– ON L'A DÉJÀ GRONDÉ, ON NE VA PAS LE LAPIDER NON PLUS !

– AH NON !

– TU SAIS CE QUE ÇA VEUT DIRE « LAPIDER » ?

– BAH… TRANSFORMER EN LAPINOU !

APRÈS AVOIR PASSÉ UN APRÈS-MIDI CHEZ SA TANTE, KIARA, 4 ANS :

– DIS DONC, TATA, ELLE A PLEIN DE MARIS !

– MAIS NON ! POURQUOI TU DIS ÇA ?

– PARCE QU'ELLE A UNE BAGUE À CHAQUE DOIGT !

À ANA, 7 ANS, QUI S'EMPIFFRE DE BONBONS, SA MAMAN DIT :

– BON, MAINTENANT, ÇA SUFFIT LES BONBONS, C'EST MAUVAIS POUR LA SANTÉ !

– OUI, MAIS C'EST SI BON BON POUR LE MORAL, MAMAN !

RAPHAËLLE, 3 ANS, APRÈS LA TRADITIONNELLE PHOTO DE CLASSE :

– LE MONSIEUR NOUS A DIT DE DIRE « CHEESE », C'EST DE L'ANGLAIS !

– AH OUI ? ET TU SAIS CE QUE ÇA VEUT DIRE ?

– BEN OUI, ÇA VEUT DIRE « OUISTITI ».

LA MAMAN D'ALEX, 4 ANS, VÉRIFIE LA COUCHE DE SON BÉBÉ :

— TA SŒUR A ENCORE FAIT DANS SA COUCHE, JE VAIS LA CHANGER.

— GÉNIAL, MAMAN ! PRENDS-EN UNE QUI FAIT MOINS CACA ET QUI PLEURE MOINS. ET SI TU PRENAIS UN GARÇON PLUTÔT ?

JULIEN, 5 ANS, VIENT DE PASSER LA JOURNÉE AVEC SON COUSIN DE MARSEILLE QUI A UN ACCENT. IL DEMANDE À SON PAPA :

— QUAND IL PARLE MON COUSIN, IL PARLE PAS COMME MOI.

— OUI, IL A L'ACCENT DU MIDI.

— AH, ET MOI J'AI L'ACCENT DU MATIN ?

APRÈS QUE SA MÈRE LUI A REFUSÉ UN ÉNIÈME BONBON, GILDAS, 4 ANS :

— T'ES NULLE, MAMAN !

— COMMENT TU ME PARLES, LÀ ?

— EN FRANÇAIS !

ROCH, 6 ANS, JUSTE APRÈS AVOIR PERDU UNE DENT :

— PAPA ET MAMAN, DITES-MOI LA VÉRITÉ : EST-CE QU'ELLE EXISTE VRAIMENT LA PETITE SOURIS ?

— HEU… POURQUOI POSES-TU CETTE QUESTION ?

— PARCE QU'UNE SOURIS, C'EST TROP PETIT POUR MONTER LES ESCALIERS !

— AH NON, JE NE SUIS PAS D'ACCORD ! LES SOURIS, ÇA GRIMPE TRÈS BIEN, TU SAIS !

— JE M'EN FICHE ! JE VEUX LA VÉRITÉ ! MAMAN, DIS-MOI !

— BON, EFFECTIVEMENT, CE SONT LES PARENTS QUI METTENT DES SOUS ET PRENNENT LES DENTS.

— AH ! JE LE SAVAIS ! C'EST VOUS QUI AVEZ OUBLIÉ HIER SOIR !!!

À TABLE, ZOÉ,
3 ANS ET DEMI :

Est-ce que les poissons panés habitent aussi dans la mer ?

EMMA, 5 ANS :

– MAMAN, LES POMMES,
ÇA POUSSE DANS LES POMMIERS ?

– OUI, MA CHÉRIE.

– LES POIRES DANS LES POIRIERS ?

– OUI.

– ALORS LES SALADES, ÇA POUSSE
DANS LES SALADIERS ?

MAMAN, POURQUOI MON ANNIVERSAIRE C'EST QU'UNE FOIS PAR AN ?

EDEN, 6 ANS

LÉA, 2 ANS ET DEMI, VOIT SA MAMAN RENTRER DE LA MATERNITÉ AVEC SA PETITE SŒUR ET S'EXCLAME :

MAMAN, ELLE EST OÙ LA MAMAN DU BÉBÉ ?

ROMANE, 3 ANS, ET SA MAMAN JOUENT AU DOCTEUR. ROMANE EST LE DOCTEUR, SA MAMAN, LA MALADE. ELLE REGARDE ATTENTIVEMENT SA GORGE, SE REDRESSE ET DIT, TRÈS SÉRIEUSE :

C'EST BON. T'AS PAS BESOIN DE LUNETTES.

ARTHUR, 3 ANS, CHEZ LE BOUCHER, DEVANT TROIS TÊTES DE PORC :

Oh, les 3 petits cochons !

ZOÉ, 2 ANS ET DEMI, COMPTE LES PAQUETS DE KLEENEX® :

Un, deux, trois, beaucoup !

LÉNA VA AVOIR 3 ANS.
SA MAMAN LUI DEMANDE :

– POUR TON ANNIVERSAIRE, TU VEUX UN GÂTEAU AVEC DU CHOCOLAT OU AVEC DES AMANDES ?

– AVEC DES BOUGIES !

LA MAÎTRESSE DEMANDE
À AMBRE, 3 ANS :

– *Tu as un petit frère, toi aussi ?*

– *Non, mais c'est mieux, j'ai un chien !*

AU MARIAGE DE SON ONCLE,
JULES, 3 ANS ET DEMI :

Je vais t'expliquer pourquoi on ne peut pas avoir deux femmes. Parce que sinon, au mariage, si on est trois, la danse à deux devient une ronde. Et ça, c'est pas possible !

AU MOMENT DU COUCHER,
JULES, 4 ANS :

Maman, on est vraiment obligés de faire dodo tous les soirs ?

LE PÈRE D'ARTHUR, 2 ANS,
INTERROGE SON FILS :

– QUEL ANIMAL DORT À L'ÉCURIE ?

– L'ÉCUREUIL !

CHARLOTTE, 4 ANS,
AU DÉJEUNER, EN MANGEANT
UNE CUISSE DE POULET :

Ça vient de quel animal, la cuisse de poulet ?

54

MAIS, EN FAIT LE PÈRE NOËL, C'EST LE PÈRE DE QUI ?

CHARLOTTE, 4 ANS

MAËLIE, 5 ANS,
ET SA MÈRE :

– CHÉRI, APPELLE TON FRÈRE, S'IL TE PLAÎT.

– TON FRÈÈÈÈÈÈRE !!

HUGO, 3 ANS,
ET SA MAMAN :

– MAMAN, TU AS FAIM ?

– OUI, ET JE TE MANGERAIS BIEN. GROOARRR.

HUGO PASSE PRÈS DE SA SŒUR, LA POUSSE VERS SA MÈRE ET CRIE :

– NON, MANGE MA SŒUR !

LA MAMAN DE LÉA, 7 ANS,
À LA PISCINE :

– DIS À MAMIE OÙ TU AS APPRIS À NAGER.

– BEN... DANS L'EAU !

LA MÈRE DE JULES, 8 ANS, L'INTERROGE SUR SA LEÇON D'HISTOIRE :

— QUI ÉTAIT LE PRÉSIDENT DE LA RÉPUBLIQUE AVANT CHIRAC ? MI... MI... MI... ?

— MIMIE MATHY !!!

DEVANT UN POT DE MIEL, NOÉ, 4 ANS :

MAIS COMMENT ELLES FERMENT LE POT, LES ABEILLES ? ELLES N'ONT PAS DE MAINS...

VALENTINE, 6 ANS :

MAMAN, TU TE RAPPELLES LES DEUX DAMES CHINOISES DANS LE RER ? EH BAH, ELLES PARLAIENT LA MANDARINE.

LUCIE, 3 ANS :

— PAPA, POURQUOI LES CHIENS ONT PAS D'HABITS ?

— PARCE QU'ILS ONT DES POILS !

— ALORS, POURQUOI TU METS DES HABITS PUISQUE T'AS DES POILS ?

ROCH, 6 ANS, APRÈS LES ÉLECTIONS PRÉSIDENTIELLES :

— MAMAN ! ON NE PEUT PAS AVOIR FRANÇOIS HOLLANDE COMME PRÉSIDENT DE LA RÉPUBLIQUE.

— POURQUOI TU DIS ÇA ?

— NON, MAIS TU TE RENDS COMPTE ? SON NOM, C'EST UN AUTRE PAYS !

LUCAS, 10 ANS :

Maman, pourquoi il y a des noms propres et pas des noms sales ?

L'INSTITUTRICE, À L'ÉCOLE,
ET TALI, 8 ANS :

– TU VEUX FAIRE QUOI COMME MÉTIER ?

– EUH, GRINCHEUX !

AU MOMENT DU COUCHER,
LA MAMAN DE ZOÉ, 6 ANS :

– Allez, au lit, les 5 minutes sont passées !

– Ah bon, où ça ? Je les ai pas vues !

À SA FILLE ZOÉ, 2 ANS,
QUI MÂCHOUILLE QUELQUE CHOSE, UN PÈRE DIT :

– Qu'est-ce que tu as dans la bouche ?

– Des dents !

LOUAN, 5 ANS,
QUI SE CROIT BILINGUE :

– Ça y est, maman, je sais parler anglais !

– Ah bon, et tu dis quoi ?

– Buenos días !

LE PAPA DE THIAIS, 2 ANS,
DEMANDE À SON FILS :

– ET C'EST QUOI LE MOT MAGIQUE ?

– ABRACADABRA ?

LOU, 4 ANS,
NE VEUT PAS LAISSER SON PAPA S'ASSEOIR :

– Non, laisse-moi m'asseoir, cette chaise est à tout le monde. Y'a écrit Lou sur la chaise ?

– Non, et y'a écrit Papa sur la chaise ?

– Non.

– Bah alors !!!

DAVID, 4 ANS :

– MAMAN, POURQUOI TU DIS « VOUS » À LA MAMAN DE PAPA ?

– PARCE QUE C'EST MA BELLE-MÈRE, C'EST COMME ÇA !

– AH BON ? MAIS ELLE N'EST PAS BELLE !

LÉANE, 4 ANS, À SA GRAND-MÈRE :

– MERCI MAMIE DE NOUS AVOIR OFFRI UN CADEAU !

– NON, ON NE DIT PAS COMME ÇA.

– AH OUI, PARDON ! MERCI MAMIE DE NOUS AVOIR OFFRU UN CADEAU !

À SON FILS ALEXIS, 6 ANS, QUI N'ÉCOUTE RIEN, UNE MAMAN DIT :

– SI TU CONTINUES, JE VAIS ME METTRE DANS UNE COLÈRE NOIRE !!

– EH MOI, MAMAN, JE VAIS ME METTRE DANS UNE COLÈRE... DE TOUTES LES COULEURS !

CÉDRIC, 4 ANS, À NOËL :

– PAPA, TU SAIS COMMENT ON APPELLE LES ÉPINES DE SAPIN ?

– NON.

– BEN, LES ÉPINES DE SAPIN !

MATTEO, 4 ANS, UN MATIN, AU RÉVEIL :

– MAMAN, POURQUOI TU NE METS PAS TES LUNETTES POUR DORMIR ?

– PARCE QUE JE N'EN AI PAS BESOIN.

– MAIS, MAMAN, TES CAUCHEMARS, TU DOIS LES VOIR TOUT FLOUS ?

MATHIS, 6 ANS,
AU SUPERMARCHÉ :

PAPA,
CE SONT LES POULES
QUI METTENT
LES DATES SUR
LEURS ŒUFS ?

FLAVIO, 4 ANS,
DEVANT SA MÈRE EN STRING :

MAMAN,
TA CULOTTE EST TOUTE
DÉCHIRÉE, ON VOIT
TES FESSES, IL FAUT
EN CHANGER.

À SES PARENTS QUI PRENNENT
L'APÉRITIF, SAMUEL, 5 ANS :

VOUS, LES GRANDS,
VOUS AVEZ L'APÉRO.
NOUS, LES PETITS,
ON A LE GOÛTER.
ON EST PRESQUE
PAREILS !

OLIVIER, 3 ANS,
DEVANT LE SOLEIL QUI
SE COUCHE :

REGARDE, MAMAN,
LE SOLEIL A MIS
SON PYJAMA ROUGE
POUR ALLER
DORMIR...

JULES, 3 ANS À SA MÈRE :

– MAMAN, J'ÉTAIS DANS TON VENTRE AVANT ?

– OUI.

– ET MA SŒUR AUSSI ?

– OUI.

– ET LE CHIEN AUSSI ?

– AH NON, PAS LE CHIEN !

– AH OUI, JE SUIS BÊTE, LUI, IL ÉTAIT DANS LE VENTRE DE PAPA PUISQU'IL EST POILU !

PARCE QU'ELLE INTERVIENT SANS CESSE DANS LA CONVERSATION DE SES PARENTS, LE PAPA D'ELSA, 3 ANS, LUI DIT :

— BON, ÇA SUFFIT MAINTENANT, ARRÊTE DE NOUS INTERROMPRE ET OCCUPE-TOI DE TES AFFAIRES !

— MAIS ELLES SONT OÙ MES AFFAIRES ?

ZANDRY, 11 ANS, AU PARC :

— ARRÊTE DE T'EXCITER COMME ÇA, NE SERAIT-CE QUE POUR QUELQUES MINUTES !

— MAIS, MAMAN, TU SAIS BIEN, C'EST IMPOSSIBLE, JE SUIS EXCITÉ DE NATURE.

APRÈS AVOIR COURU APRÈS SON FILS ROMAIN, 3 ANS, PENDANT DEUX HEURES POUR POUVOIR L'HABILLER, UNE MÈRE LUI DIT, TRÈS ÉNERVÉE :

— POUSSIN, SAIS-TU CE QUI ÉNERVE VRAIMENT BEAUCOUP MAMAN ?

— OUI, PAPA !

LA MÈRE DE TRISTAN, 6 ANS, LUI LIT UN LIVRE SUR LES ROIS DE FRANCE. LORSQU'ELLE COMMENCE LE CHAPITRE SUR LOUIS XIV, IL LUI DIT D'UNE VOIX EXASPÉRÉE :

MAIS NON, C'EST PAS LOUIS 14, N'IMPORTE QUOI ! TU NE SAIS PAS LIRE, C'EST LOUIS X-I-V !

FAUSTINE, 3 ANS, À LA FERME :

— MAMAN, LES LAPINS, ÇA MANGE DES SALADES, DES CAROTTES, DES LASAGNES…

— NON, PAS DES LASAGNES !

— POURQUOI, PARCE QU'ILS N'ONT PAS DE FOUR ?

LA MAMAN DE JULES, 2 ANS ET DEMI,
TENTE DE LUI EXPLIQUER LE CYCLE DE LA VIE :

— TU ES UN PETIT GARÇON, APRÈS TU SERAS UN GRAND GARÇON, APRÈS UN JEUNE HOMME ET APRÈS...

— JE SERAI UNE DAME !

GILDAS, 2 ANS :

— JE SUIS TRÈS EN COLÈRE !

— AH BON ! POURQUOI ?

— PARCE QUE JE NE SUIS PAS CONTENT !

LÉANDRE, 6 ANS, AVEC SES PARENTS QUI LUI FONT
UNE PETITE LEÇON DE SCIENCES :

— ALORS DE QUOI EST COMPOSÉE L'EAU DE MER ? QUAND TU LA GOÛTES, ELLE EST SUCRÉE, SALÉE...

— ELLE EST DÉGUEULASSE !

ALEXIS, 9 ANS, UN MATIN, AVANT D'ALLER AU LABORATOIRE
FAIRE UNE PRISE DE SANG :

— NON, NE MANGE RIEN, POUSSIN, ON VA FAIRE UNE PRISE DE SANG, TU DOIS ÊTRE À JEUN.

— MAIS C'EST OÙ, JEUN ?

UN DIMANCHE, LA MAMAN DE FLORE, 4 ANS,
LUI DEMANDE :

— TU VEUX FAIRE UN PUZZLE AVEC MOI ?

— NON, J'AI PAS ENVIE !

— OUI, MAIS MOI, J'AI ENVIE...

— MAIS MOI, J'AI PAS ENVIE QUE T'AIES ENVIE !

ON PEUT PAS
LOUPER LE GOÛTER,
SINON ON VA ÊTRE
TOUT DE SUITE
LE SOIR !

CYRIL, 5 ANS

ELSA, 5 ANS, APRÈS LA PREMIÈRE
ÉCHOGRAPHIE DE SA MÈRE :

MAMAN,
MON PETIT FRÈRE,
C'EST UNE STAR,
JE L'AI VU À LA TÉLÉ
QUAND T'AS FAIT
L'ÉCHOGRAPHIE !

GASPARD, 3 ANS,
À SA MÈRE, ENCEINTE :

MOI, MAMAN,
JE SAIS COMMENT VOIR
SI C'EST UNE FILLE OU UN
GARÇON ! QUAND LE BÉBÉ
SORTIRA DE TON VENTRE,
S'IL A LES CHEVEUX LONGS,
CE SERA UNE FILLE !

AU RESTAURANT, UNE MÈRE DIT
À SA FILLE ELSA, 4 ANS :

– CHÉRIE, TU AIMES
LES POMMES DE TERRE
FAITES MAISON,
ELLES SONT BONNES ?

– EUH, FAITES RESTAURANT,
TU VEUX DIRE ?

C'EST L'HEURE DU COUCHER ET, CE SOIR, LA MAMAN N'A PAS DU TOUT ENVIE DE RACONTER UNE HISTOIRE À SON FILS. JULES, 5 ANS, LUI DIT :

POURQUOI, CHAQUE SOIR, TU FAIS DES HISTOIRES DE PLUS EN MOINS LONGUES ?

LA MAMAN DE NINA, 8 ANS, FOUILLE DANS SON SAC, NE TROUVE PAS SES CLÉS ET S'ÉNERVE :

CALME-TOI, MAMAN, ON VA LES CHERCHER DANS GOOGLE, TES CLÉS.

LOUAN, 4 ANS, DEVANT UNE RÔTISSERIE :

OH ! UN MANÈGE À POULETS MORTS !

SASHA, 4 ANS, EN RENTRANT DE L'ÉCOLE :

MAMAN, J'AI PRESQUE FINI MON CADEAU DE FÊTE DES MÈRES, JE ME SUIS APPLIQUÉ, TU VAS ÊTRE TELLEMENT CONTENTE DE MOI QUE TU VAS M'ACHETER UN CADEAU !

ZOÉ, 3 ANS, DEVANT UN LIVRE DONT LE VENT TOURNE LES PAGES :

OH LA LA, C'EST MAGIQUE ! LE LIVRE, IL SE LIT TOUT SEUL !

QUAND JE SERAI GRAND, JE FERAI COMME PAPI ET MAMIE, ILS TRAVAILLENT PAS ET ILS ONT DES SOUS !

SASHA, 5 ANS

MAÏWEN, 3 ANS ET DEMI, AU CINÉMA, APRÈS QUELQUES MINUTES DE PROJECTION :

ELLE EST OÙ LA TÉLÉCOMMANDE, MAMAN ?

ÇA FAIT MAL QUAND ON TOMBE AMOUREUX ?

LOLA, 5 ANS

ARSÈNE, 5 ANS, AU MOMENT DE RÉDIGER SA LETTRE AU PÈRE NOËL :

C'EST BIEN, AVEC LE PÈRE NOËL, ON PEUT COMMANDER PLEIN DE CHOSES, COMME C'EST GRATUIT !

ANATOLE, 6 ANS,
À SES PARENTS QUI SE DÉGUISENT
POUR UNE SOIRÉE :

JE SUIS DÉGUISÉ EN HUMAIN, MOI !

NINA, 4 ANS, LIT UN LIVRE ET
S'HUMECTE LES DOIGTS POUR
TOURNER LES PAGES :

REGARDE, MAMAN, JE FAIS COMME LES HUMAINS POUR TOURNER LES PAGES !

FLORA, 2 ANS ET DEMI,
QUI NE VEUT PAS S'HABILLER :

JE VEUX ÊTRE PIEDS NUS DES FESSES !

EN FEUILLETANT UN LIVRE D'ART,
JULES, 7 ANS, REMARQUE, SOUS
PLUSIEURS ŒUVRES NON ATTRIBUÉES,
LA MENTION «ANONYME» :

JE NE SAIS PAS QUI C'ÉTAIT ANONYME, MAIS IL A BEAUCOUP PEINT.

EN FAISANT UN CÂLIN À SON FILS, LA MAMAN DE LUAN, 3 ANS, LUI DEMANDE :

– À QUI SONT CES P'TITES FESSES-LÀ ?

– C'EST À MAMAN !

LE PÈRE INTERVIENT :

– NON, C'EST À PAPA !

ET L'ENFANT RÉTORQUE :

– PAPA, MAMAN, ON PARTAGE MES FESSES ! C'EST POUR ÇA QUE J'EN AI DEUX. UNE POUR PAPA, UNE POUR MAMAN !

ANTOINE, 6 ANS, APPELLE SA MAMAN DEPUIS LA SALLE DE BAINS :

– MAMAN, SENS MON COU, JE VIENS DE METTRE DU PARFUM SPIDERMAN.

– HUUUMMM, TU SENS BON LE SUPER HÉROS !

– N'IMPORTE QUOI, JE SENS L'HOMME, LE VRAI !

DANS UN MAGASIN DE COSMÉTIQUES, ELYCIA, 3 ANS :

– OH, MAMAN, DU ROUGE À LÈVRES !

– NON, C'EST POUR LE NEZ...

– AAAAAAH, C'EST DU ROUGE À NEZ !

APRÈS QUE JULES, 6 ANS, A RENVERSÉ DU JUS D'ORANGE PAR TERRE, SA MAMAN, ÉNERVÉE :

– BON, ARRÊTE DE TOUT RENVERSER TOUT LE TEMPS, CE QUE TU ES GAUCHE !

– AH, COMME FRANÇOIS HOLLANDE ?

ENORA, 4 ANS, ET SA MAÎTRESSE :

— POURQUOI ON DOIT VOTER, AUJOURD'HUI ?

— ON VOTE POUR LES ÉLECTIONS EUROPÉENNES.

— C'EST QUOI DÉJÀ LE VOTE ?

— TU SAIS, QUAND TU ES ALLÉE AVEC TES PARENTS LA DERNIÈRE FOIS, METTRE UNE PETITE ENVELOPPE DANS UNE BOÎTE, DANS TON ÉCOLE.

— AH OUI, POUR CHOISIR LE « CHEF DU VILLAGE » !

AUX DEUX ENFANTS JULES ET NINA, 3 ANS, QUI SE JETTENT DU CANAPÉ :

— MAIS QU'EST-CE VOUS QUE FAITES À TOMBER DU CANAPÉ TOUS LES DEUX ?

— ON TOMBE AMOUREUX ! ON TOMBE AMOUREUX !

DANS LA RUE, EN VOYANT PASSER UN HOMME AVEUGLE, LA MAMAN DE MATTHIEU, 5 ANS, DEMANDE À SON FILS :

— CHÉRI, COMMENT APPELLE-T-ON QUELQU'UN QUI NE VOIT PAS ? IL EST... ?

— MALHEUREUX !

JULES, 5 ANS :

— MAMAN, C'EST QUOI UN RACISTE ?

— UNE PERSONNE QUI N'AIME PAS LES MUSULMANS, LES JUIFS, LES NOIRS. EN FAIT, UNE PERSONNE QUI N'AIME PERSONNE.

— ON VA PRENDRE DES FUSILS, MAMAN, ET ON VA TUER LES RACISTES.

— MON CHÉRI, CE N'EST PAS LA MEILLEURE FAÇON DE LES COMBATTRE !

— ÇA VEUT DIRE QUOI COMBATTRE ?

— RÉFLÉCHIS, DANS COM-BATTRE, TU ENTENDS QUOI COMME MOT ?

— BAH, CON !

CHARLOTTE, 6 ANS, DANS LE CANAPÉ, DEVANT LE DESSIN ANIMÉ BLANCHE-NEIGE :

MAMAN, JE NE COMPRENDS PAS BLANCHE-NEIGE. ELLE NE SE MÉFIE PAS, ELLE EST MORTE PENDANT UN AN À CAUSE D'UNE POMME ET LÀ, ELLE EMBRASSE SUR LA BOUCHE UN PRINCE QU'ELLE NE CONNAÎT PAS BIEN ! MOI, JE SERAIS RESTÉE AVEC LES NAINS !

HUGO, 5 ANS :

– MAMAN, POURQUOI LES PARENTS DE CAROLINE SONT DIVORCÉS ?

– PARCE QU'ILS NE S'ENTENDAIENT PLUS...

– AH BON ? ILS ÉTAIENT DEVENUS SOURDS ?!

AU MAGASIN DE JOUETS, LE VENDEUR DIT À ROMANE, 3 ANS :

– TENEZ, MADEMOISELLE.

– HÉ, JE SUIS PAS 2 MOISELLES, MOI, JE SUIS 1 MOISELLE !

AU RESTAURANT, LA MAMAN DE MAÏA, 4 ANS :

– ARRÊTE DE SUCER TON POUCE, TU ES FATIGUÉE ?

– HUMM, JE SUCE PAS MON POUCE LÀ, MAMAN... IL PREND SA DOUCHE !

DANS LA CUISINE, LOU, 3 ANS :

– MAMAN, JE PEUX PRENDRE DU SAUCISSON ?

– TU N'AS PAS OUBLIÉ QUELQUE CHOSE DANS TA PHRASE ?

– AH, OUI... DES CHIPS AUSSI !

SHANA, 3 ANS, SE PRÉPARANT DANS LA SALLE DE BAINS, LE MATIN :

– MAMAN, COMMENT ON ENLÈVE LES CACAS D'OREILLE ?

– AVEC UN COTON-TIGE.

– AVEC LES DOIGTS, ON PEUT PAS ?

– NON, LES DOIGTS SONT TROP GROS POUR TON OREILLE.

– AH... MAIS DANS LE NEZ ÇA RENTRE BIEN !

JOSHUA, 3 ANS, FABRIQUE UNE GRUE AVEC SES LEGOS, SA MAMIE, ÉMERVEILLÉE, LUI DIT :

– Chapeau, elle est magnifique !

Joshua, incrédule :

– Mamie, c'est pas un chapeau, c'est une grue !

UN PÈRE INTERROGE SA FILLE TIFFANY, 5 ANS, SUR LE PLURIEL DES NOMS :

– Un cheval ?

– Des chevaux !

– Un bocal ?

– Des poissons !

LE PÉDIATRE ET MANEK, 3 ANS :

– TOI, TU ES UN GARÇON OU UNE FILLE ?

– UN GARÇON !

– ET TON PAPA ?

– UN GARÇON !

– ET TA MAMAN ?

– UNE FILLE !

– ET MOI ?

– UN DOCTEUR !

AU MOMENT DE CHOISIR UN DVD, FRANÇOIS, 5 ANS :

– Moi, je veux voir un film érotique.

– Hein, quoi ????

– Bah oui, un film avec des tonnes de héros !

6

CEUX QUI FONT HONTE

CASSANDRE, 4 ANS,
DEVANT SA MÈRE QUI VIENT DE
SE CHANGER :

Elle est belle ta robe, maman, dommage que tu sois grosse !

JULES, 4 ANS, AU PARC :

MAMAN, POURQUOI TES FESSES BOUGENT QUAND TU COURS ?

À L'ANIMATRICE DE L'ÉCOLE, ENCEINTE DE 6 MOIS, CLÉMENT, 4 ANS :

– QUAND TU SORTIRAS DE L'ÉCOLE, CE SOIR IL FAUDRA FAIRE DISCRÈTEMENT…

– POURQUOI ?

– PARCE QUE LA MAÎTRESSE VA TE PUNIR SI ELLE VOIT QUE TU AS VOLÉ UN BALLON ! C'EST UNE BONNE CACHETTE, MAIS MOI JE L'AI VU !

– MAIS NON, C'EST UN BÉBÉ, J'ATTENDS UN BÉBÉ !

LE LENDEMAIN :

– J'AI RÉFLÉCHI ET JE ME SUIS DIS QUE ÇA NE POUVAIT PAS ÊTRE UN BÉBÉ, PARCE QU'UN BÉBÉ, C'EST PAS ROND ! TU AS UN BALLON DANS LE VENTRE, MAIS COMMENT TU AS FAIT POUR MANGER UN BALLON EN ENTIER ?

SACHA, 7 ANS :

MAMAN, JE SUIS NÉ EN 2006, C'EST ÇA ? ET TOI TU ES NÉE EN 2000 COMBIEN… ?

ALICE, 4 ANS :

– MAMAN, C'EST QUI LA DAME SUR CETTE PHOTO ?

– C'EST MOI QUAND J'AI RENCONTRÉ TON PÈRE.

– COMME TU AS CHANGÉ ! TU ÉTAIS BELLE AVANT !

JOSEPH, 6 ANS, À TABLE AVEC SA MÈRE :

– ELLE EST BONNE, HEIN, MA PURÉE, CHÉRI ?

– MAMAN, TU VEUX QUE JE DISE LA VÉRITÉ OU QUE JE TE FASSE PLAISIR ?

AU COURS D'UNE PROMENADE AU JARDIN, GASPARD, 4 ANS :

— COMME TU ES BELLE, MAMAN !

— MERCI MON ANGE, C'EST VRAI ÇA ?

— NON, JE FAIS LE GENTIL POUR AVOIR DE LA GLACE.

LYDIE, 3 ANS, DEVANT SA MAMAN, QUI, POUR UNE FOIS, PORTE DES TALONS :

— OH, T'AS MIS DES CHAUSSURES COMME LES DAMES !

— JE NE SUIS PAS UNE DAME ?

— T'ES PAS UNE DAME, T'ES UNE MAMAN !

VICTOR-MARIE, 7 ANS, À LA PISCINE :

TU SAIS, MAMAN, CE N'EST PAS GRAVE SI TU CRAQUES TON MAILLOT, TU DEMANDERAS À TA COPINE DE T'EN PRÊTER UN, COMME ÇA TU N'AURAS PAS BESOIN DE FAIRE UN RÉGIME.

BASILE, 4 ANS :

— PAPA, J'AI FAIT UN DESSIN DE TOI POUR TON ANNIVERSAIRE.

— OH MERCI, MON AMOUR !

— MAIS FAIS PAS ATTENTION AUX DENTS, J'AI MIS DU BLEU PARCE QUE J'AVAIS PLUS DE JAUNE.

LANA, 5 ANS, À LA PLAGE :

PAPA, JE SAIS OÙ SONT PARTIS TES CHEVEUX ! ILS SONT SUR LES JAMBES DE MAMAN !

JULES, 8 ANS, AU RÉVEIL :

Maman, tu as encore la trace de l'oreiller sur ton visage, on dirait Ribéry !

MAËLLE, 8 ANS, APRÈS UNE NUIT PASSÉE DANS LE LIT DE SA MAMAN :

Maman, quand tu dors, tu fais le cochon !

JULES, 4 ANS :

MAMAN,
POURQUOI TU AS
DES GRAINS DE
BEAUTÉ ALORS QUE
TU N'ES PAS
BELLE ?

JEAN-BAPTISTE, 6 ANS,
PALPANT LES JAMBES
DE SA MÈRE :

Maman, je veux pas que tu deviennes molle.

LISA, 5 ANS,
EN REGARDANT
DES PUBLICITÉS À
LA TÉLÉVISION :

Regarde, maman, une nouvelle crème pour les rides, c'est ça qu'il te faut !

SASHA, 4 ANS :

MAMAN,
IL FAUT QUE TU METTES
TES CHEVEUX BLANCS
EN NOIR POUR QU'ON
CROIE QUE TU ES
JEUNE !

MÉLINE, 6 ANS,
UN MATIN AU RÉVEIL :

– BEN MOI, JE VEUX PAS GRANDIR.

– AH BON, POURQUOI ?

– SI JE GRANDIS, JE DEVIENDRAI VIEILLE COMME TOI, MAMAN, ET JE SERAI MORTE COMME TOI.

– JE NE SUIS PAS VIEILLE ET ENCORE MOINS MORTE !

– SI, PARCE QUE TU AS DES DIGUES (DES RIDES).

GABRIEL, 3 ANS,
AVEC SON PAPA EN CALEÇON :

Papa, pourquoi ton ventre est à l'extérieur alors que moi mon ventre est à l'intérieur ?

CARMEN, 5 ANS,
À SA GRAND-MÈRE :

Mamie, je sais pourquoi papi et toi vous êtes amoureux. Parce que vous avez tous les deux une moustache.

JULES, 6 ANS :

Maman, il faut que je t'avoue un truc : en vrai, c'est pas toi la plus belle du monde. Mais tu le savais, hein ?

ROMAN, 8 ANS, DANS LE SALON FAMILIAL :

– C'EST QUOI ÇA, MAMAN ?

– CE SONT DES BOUGIES, POUR FAIRE JOLI, POUR LA DÉCORATION.

– TU SAIS QUOI, MAMAN, LA DÉCORATION, C'EST PAS TON FORT !

JUDITH, 5 ANS :

MAMIE, PARFOIS, QUAND JE RESTE LONGTEMPS DANS LE BAIN, MES MAINS SONT COMME LES TIENNES : ELLES SONT TOUTES VIEILLES !

LEOPOLD, 3 ANS, LE MATIN, AU RÉVEIL :

– TU ME FAIS UN BISOU, MON ANGE ?

– EUH, MAMAN, TU SENS MAUVAIS DANS TA BOUCHE, JE PEUX PAS.

À SA MAMAN QUI S'HABILLE, ALEXIA, 5 ANS :

– MAMAN, C'EST QUOI ÇA ?

– UN SOUTIEN-GORGE, C'EST POUR TENIR LES SEINS.

– MAIS POURQUOI TU EN METS TOI, T'AS PAS DE SEINS ?

LA MÈRE D'ELSA, QUI VEUT RESTER POLIE, À SA FILLE DE 3 ANS :

– PURÉE, TU AS ENCORE RENVERSÉ TON JUS DE POMME, FAIS ATTENTION !

– TU T'ES TROMPÉE, MAMAN, TU VOULAIS DIRE PUTAIN.

BENJAMIN, 9 ANS :

– MAMAN, TU AS ÉTÉ À LA PISCINE CET APRÈS-MIDI ?

– NON, POURQUOI ?

– TU AS DES MARQUES DE LUNETTES DE PISCINE SOUS LES YEUX.

JULES, 8 ANS, AU MILIEU D'UN REPAS DE FAMILLE :

– MAMAN, T'ES UNE VRAIE BLONDE ?

– OUI.

– AH, C'EST POUR ÇA QUE PARFOIS TU COMPRENDS RIEN.

LE PAPA DE LOUIS, 10 ANS, LE REPREND ALORS QU'IL PARLE DU PHYSIQUE D'UNE CAMARADE D'ÉCOLE :

– MAIS IL N'Y A PAS QUE LA BEAUTÉ QUI COMPTE, TU SAIS.

– JE SAIS, PAPA, SINON TU NE TE SERAIS PAS MARIÉ AVEC MAMAN.

SACHA, 3 ANS,
À LA CAMPAGNE, DEVANT
UN TROUPEAU DE VACHES :

MAMAN, ON DIRAIT QUE JE SUIS LE PETIT VEAU ET TOI LA GROSSE VACHE.

ARTHUR, 3 ANS,
PENDANT UN CÂLIN AVEC
SA MAMAN :

MAMAN, TES JAMBES, ELLES PIQUENT.

EN RENTRANT DE CHEZ SA COPINE LOU,
SASHA, 5 ANS, À SA MAMAN :

*J'aimerais bien que
la maman de Lou soit
ma maman parce qu'elle est
plus belle que toi.*

7

CEUX SUR LES RELIGIONS

ROCH, 7 ANS :

— MOI, JE SAIS COMMENT JÉSUS ENVOIE LES BÉBÉS SUR TERRE : EN CLAQUANT DES DOIGTS !

— ??

— OUI, QUAND SON MAJEUR VA VERS LE BAS, UN BÉBÉ DESCEND, ET QUAND SON POUCE VA VERS LE HAUT, QUELQU'UN MONTE AU CIEL !

JEANNE, 6 ANS, ET SON PETIT FRÈRE AMBROISE, 5 ANS, JOUENT AU PAPA ET À LA MAMAN AU MOMENT DE NOËL :

— CHÉRI, EMMÈNE NOTRE BÉBÉ À LA CRÈCHE, JE DOIS ALLER AU TRAVAIL.

AMBROISE RÉPOND :

— MAIS ON N'A JAMAIS DIT QU'ON L'AVAIT APPELÉ JÉSUS NOTRE BÉBÉ !

UNE MAMAN TENTE DE PARLER DE LA BIBLE À SA FILLE JUSTINE, 6 ANS :

— TU TE SOUVIENS DU NOM DU L'AMOUREUSE DE ADAM, TU SAIS CELLE QUI A PRIS LA POMME ?

— OUI, BLANCHE-NEIGE !

UN JOUR DE PLUIE, LA MAMAN DE SACHA, 4 ANS, LUI EXPLIQUE :

— LA PLUIE, CE SONT LES LARMES DE DIEU.

— ET DIEU, AVEC TOUT LE POUVOIR QU'IL A, IL PEUT MÊME PAS S'ACHETER DES MOUCHOIRS ?

ELSA, 6 ANS

PAPA, JÉSUS,
IL EST MORT SUR
LA CROIX-ROUGE ?

HUGO, 5 ANS,
À SA SŒUR ROMANE, 3 ANS :

– MANGE. C'EST DU CHAT.

ROMANE RÉPOND :
– DU CHAT-ESPRIT, AMEN.

VICTORIA, 9 ANS,
À L'ÉGLISE :

AU NOM DU PÈRE,
DU FILS ET DE…
SA MÈRE !

ZOÉ, 7 ANS :

MAIS EN FAIT,
DIEU, C'EST UNE
RUMEUR.

JULES, 4 ANS :

– MAMAN, TA COPINE EST
ALCOOLIQUE, JE L'AI VUE.

– ???!!

– BAH OUI, ELLE EST DE
RELIGION ALCOOLIQUE,
ELLE VA À L'ÉGLISE, QUOI !

VALENTIN, 7 ANS ET DEMI,
À L'ÉGLISE :

– MAMAN, JOSEPH,
C'EST LE PÈRE DE JÉSUS ?

– OUI.

– MAIS JÉSUS, C'EST LE FILS
DE DIEU ?

– EUH... OUI.

– DONC JOSEPH, C'EST DIEU ?

– EUH... BEN NON...
C'EST COMPLIQUÉ EN FAIT, EUH...

– AH ! C'EST BON ! J'AI COMPRIS !
EN FAIT, JOSEPH,
C'EST SON PÈRE ET DIEU,
C'EST SON BEAU-PÈRE !

ELSA, 6 ANS,
AU CINÉMA :

– Maman, Dieu a trop de chance parce qu'il peut aller au cinéma gratuitement.

– ???

– Bah oui, puisque Dieu est partout !

8

CEUX PLEINS D'AMOUR

LIAM, 4 ANS :

*Maman,
je suis fier de toi,
tu as choisi un super
papa !*

MAMAN,
J'AI UNE
SURPRISE
POUR TOI...
JE T'AIME !!!

LÉANE, 4 ANS

ZOÉ, 6 ANS :

– ÇA DOIT ÊTRE BIEN D'HABITER À L'HÔTEL.

– PAS TELLEMENT, ON N'A PAS BEAUCOUP DE PLACE POUR SES AFFAIRES PERSONNELLES.

– C'EST QUOI DES AFFAIRES PERSONNELLES ?

– TES JOUETS, TES LIVRES, TES PETITS TRÉSORS…

– J'AI DÉJÀ TOUS MES TRÉSORS.

– AH OUI ? C'EST QUOI ?

– C'EST TOI, MAMAN.

ZACHARIE 3 ANS :

– MAMAN, T'ES PAS BELLE !

– PARDON ?

– AH SI, PARDON, T'ES BELLE, JE T'AVAIS PAS BIEN REGARDÉE.

JULES, 7 ANS ET DEMI, À TABLE :

– BON, TU DOIS GOÛTER LES ARTICHAUTS. DANS LA VIE, IL FAUT GOÛTER POUR SAVOIR SI ON AIME.

– MAMAN, TOI, JE T'AI PAS GOÛTÉE ET POURTANT JE T'AIME.

UNE MAMAN ET SON FILS HUGO, 7 ANS, AU MILIEU DE LA NUIT :

– IL EST 4 HEURES DU MATIN, POURQUOI TU VIENS DANS NOTRE LIT ?

– POUR AVOIR DE L'AMOUR DE MES PARENTS.

ROCH, 7 ANS :

— MERCI, MAMAN !

— MERCI POUR QUOI ?

— MERCI POUR NOUS AVOIR ÉLEVÉS !

NOLAN, 6 ANS, QUELQUE TEMPS AVANT NOËL :

— MAMAN, TU SAIS, JE NE CROIS PLUS DU TOUT AU PÈRE NOËL.

— AH ?

— MAIS NE LE DIS PAS À PAPA, IL AIME TELLEMENT SE DÉGUISER, ET MOI, JE L'AIME TELLEMENT, PAPA, QUE JE VEUX LUI FAIRE PLAISIR.

ROMUALD, 7 ANS, LE 14 FÉVRIER :

— MAMAN, C'EST QUOI LA SAINT-VALENTIN ?

— LA FÊTE DES GENS QUI S'AIMENT.

— ALORS, BONNE FÊTE, MAMAN, JE T'AIME !

AGATHE-ANGE, 5 ANS, ET SA MÈRE :

— MAMAN, T'ES UNE PRINCESSE ?

— NON. POUR ÊTRE PRINCESSE, IL FAUT SOIT ÉPOUSER UN PRINCE, SOIT ÊTRE LA FILLE D'UN ROI.

— MOI, JE SUIS UNE PRINCESSE ALORS.

— COMMENT ÇA ?

— BEN OUI, JE SUIS UNE PRINCESSE PARCE QUE PAPA, C'EST LE ROI DANS MON CŒUR !

LOU, 3 ANS :

*Maman,
quand je serai
un adulte, tu pourras
être encore ma
maman ?*

UN MATIN, LÉANE, 5 ANS,
ALORS QUE SA MÈRE PART
TRAVAILLER :

MAMAN, J'AIME PAS LA VIE !
ELLE EST MAL FAITE !
UN JOUR, QUELQU'UN A
CONSTRUIT UNE VIE OÙ
LES MAMANS SONT OBLIGÉES DE
TRAVAILLER ET NE PEUVENT
PAS RESTER AVEC LEURS
PETITES FILLES !

JE T'AIME DE TOUT MON CORPS.

Maman,
quand je serai plus grand,
je me marierai avec toi,
mais t'inquiète pas,
on gardera papa !

ROCH, 5 ANS

Maman,
je t'aime jusqu'à la
lune, jusqu'au soleil
et jusqu'à la mort.

LOU, 3 ANS

Maman,
je veux pas que
tu mourisses un jour
parce que je t'aime
trop !

ROSE, 5 ANS

MOI, JE PRÉFÈRE DORMIR DANS LE LIT DE PAPA ET MAMAN PARCE QUE J'Y FAIS DE PLUS JOLIS RÊVES.

JULES, 3 ANS ET DEMI

LA VIE EST BIEN FAITE. J'AI LES MEILLEURS PARENTS DU MONDE.

HUGO, 8 ANS

TU SAIS, MAMAN,
SI TU ES MALHEUREUSE,
APPELLE TA MAMAN.
LES MAMANS, C'EST FAIT POUR ÇA : POUR CONSOLER LES ENFANTS ET TOI,
TU ES SON ENFANT.

LILA, 6 ANS

ELSA, 6 ANS,
À SA MAMAN :

JE VOUS AIME TELLEMENT, PAPA ET TOI, QUE JE NE VEUX JAMAIS ÊTRE GRANDE PARCE QUE JE NE VEUX PAS VIVRE SANS VOUS.

TU AS FAIT UN CAUCHEMAR, MAMAN ? VIENS, JE VAIS TE FAIRE UN CÂLIN ET TU POURRAS TE RECOUCHER !

ROCH, 4 ANS

9

LES JEUX DE MOTS

La guerre des moutons

COIFFÉ COMME UN AS QUI PIQUE

AU MOMENT DU DÉPART
POUR L'ÉCOLE, UNE MAMAN DEMANDE
À SES DEUX GARÇONS S'ILS SONT PRÊTS ET
OÙ ILS EN SONT. ARTHUR, 6 ANS,
RÉPOND :

- J'EN ES AUX CHAUSSURES !

- ON NE DIT PAS "J'EN ES",
MAIS "J'EN SUIS". ET TON FRÈRE ?

- IL EN SUIS AUSSI
AUX CHAUSSURES !

- ON NE DIT PAS "IL EN SUIS",
MAIS "IL EN EST".

- OUI, BON, FAUDRAIT SAVOIR !

JULES, 8 ANS :

– MAMAN, COMMENT EST-CE QU'ON APPELLE QUELQU'UN QUI MENT TOUT LE TEMPS ?

– UN MYTHOMANE.

– ALORS MA SŒUR, C'EST UNE MYTHOWOMAN !

JULES, 5 ANS, DEVANT LE DESSIN ANIMÉ KIRIKOU :

– PAPA, KIRIKOU, IL PARLE QUELLE LANGUE ?

– IVOIRIEN.

– NON, MAIS IL PARLE QUELLE LANGUE ?

– IVOIRIEN !

– AH ? ET IL VOIT VRAIMENT RIEN ?

AU RESTAURANT, HUGO, 4 ANS, VEUT ALLER AUX TOILETTES.
SA MÈRE LE PRÉVIENT :

– VAS-Y, TU VAS VOIR, CE SONT DES TOILETTES TURQUES !

– MAIS, MAMAN, JE NE PARLE PAS LE TURC, MOI !

LA MAMAN DE VALENTIN, 5 ANS, LUI DEMANDE :

– TU SAIS DANS QUEL PAYS HABITE TON COUSIN SASHA ?

– OUI, EN TANZANIE !

– MAIS NON, VALENTIN, IL N'HABITE PAS EN TANZANIE, MAIS EN ITALIE !

– MAIS SI, IL HABITE DANS LE PAYS DES PÂTES !

ET VALENTIN SE MET À FREDONNER :

– DES PÂTES ! DES PÂTES ! OUI, MAIS DES TANZANIE !

ALEXIS, 3 ANS,
A MAL AUX PIEDS.
SA MAMAN LUI DIT :

– AÏE, TU AS UNE AMPOULE AU PIED.

– AU SECOURS, MAMAN, JE VAIS FAIRE DE LA LUMIÈRE !

NAOMI, 3 ANS, AU RÉVEIL :

– *Oh, je suis crevée, j'ai pas les yeux en face des trous, moi, ce matin.*

– *Maman, mais... où sont tes yeux alors ???!!!*

LORSQUE SES PARENTS RENTRENT DU STADE, JULES, 7 ANS, LEUR DEMANDE :

– VOUS AVEZ VU QUOI COMME MATCH ?

– FRANCE-ROUMANIE.

– N'IMPORTE QUOI ! LES ROMAINS N'EXISTENT PLUS DEPUIS JULES CÉSAR, AU MOINS.

APRÈS UN BON REPAS, LENNY, 3 ANS ET DEMI, S'ALLONGE SUR LE CANAPÉ. SA MAMAN LUI DIT :

– MON CHÉRI, TU DIGÈRES ?

LENNY RÉPOND :

– GÈRE !

– NON, TU DIGÈRES ! TU AS TROP MANGÉ ?

– GÈRE, JE TE DIS !

LE BOSSU DE L'AUTRE DAME

AU MOMENT DE FAIRE LES LITS, UNE MAMAN FAIT REMARQUER À SON FILS BAPTISTE, 7 ANS, QUE SA HOUSSE DE COUETTE N'EST PAS DANS LE BON SENS. IL REVIENT LA VOIR, TOUT FIER :

C'EST BON, MAMAN, J'AI TOUT REMIS BIEN, MA HOUSSE DE COUETTE N'EST PLUS À L'ENGAUCHE.

APRÈS LE DÎNER, JÉZABEL, 2 ANS ET DEMI, ÉRUCTE ET DIT :

PARDON, J'AI PÉTÉ DANS MA BOUCHE.

MAÏA, 5 ANS :

PAPA, IL POURRAIT METTRE UN NŒUD PAPILLON OU UNE CREVETTE ?

ALEXANDRE, 3 ANS, EN RAMASSANT DU BASILIC :

Hummm, maman, ça sent la sauce tomate !

JULES, 7 ANS, DEVANT UNE CARTE DU MONDE :

Papa, pourquoi les Pays-Bas sont en haut ?

JOSEPH, 7 ANS,
ENTENDANT À LA RADIO L'INFORMATION SUIVANTE « L'ENFANT DE KATE ET WILLIAM VA ÊTRE APPELÉ À RÉGNER » :

QUOI, MAMAN, ILS VONT L'APPELER ARAIGNÉE !?

Tu sais, ma copine est coréenne, elle a les yeux brisés.

ELSA, 5 ANS

ROMANE, 5 ANS,
DEVANT UN REPORTAGE À LA TÉLÉVISION :

Regarde, papa, les volcans en érection.

AU MOMENT DE PRÉPARER LE DÎNER, UN PÈRE DEMANDE À SON FILS ARTHUR, 3 ANS :

– Tu veux un œuf à la coque ?

– Non, un œuf du coq, papa !

DANS LA SALLE DE BAINS, APRÈS LA DOUCHE, UNE MÈRE DIT À SA FILLE MARGAUX, 4 ANS :

– AH, TU AS FAIT UN NŒUD À TON PEIGNOIR ?

– MAIS NON, MAMAN, C'EST PAS UN PEIGNOIR, C'EST UN PEI-ROSE !

ROSE, 4 ANS, EN VOYANT UN DALMATIEN :

Oh ! regarde, un Alsacien !

ARTUR, 3 ANS,
FAIT UN ÉNORME PET :

TIENS,
J'AI PÉTÉ UN CÂBLE,
MOI !

ROMÉO, 4 ANS,
AU ZOO :

REGARDE
L'ÉLÉPHANT,
MAMAN, IL A UNE
TROMPETTE !

À SON PÈRE QUI VIENT DE
LA GRONDER, ZOÉ, 5 ANS :

NE ME REGARDE
PAS SUR CE TON,
PAPA !

MES PAUPIETTES
SONT
LOURDES.

CHARLOTTE, 6 ANS,
JOUE AU DOCTEUR AVEC SON PAPA :

— PAPA, ON DIRAIT QUE TU ÉTAIS MALADE, TU AVAIS LA MALADIE DU LAPIN...

— DU LAPIN ?

— OUI, DU LAPIN-DICITE...

JE VAIS PRENDRE MES GENTILS BIOTIQUES.

EN RENTRANT DU LABORATOIRE D'ANALYSES MÉDICALES, LE PÈRE DIT À JUSTINE, 5 ANS :

– J'AI EU LES RÉSULTATS DE MA PRISE DE SANG...

– POURQUOI TU AS FAIT UNE PRISE DE SANG, PAPA ?

– C'EST RIEN, JUSTE UN CHECK-UP !

– ET POURQUOI TU AS FAIT UN KETCHUP ?

PAUL, 4 ANS, À SON PAPA VÉGÉTARIEN :

– POURQUOI TU MANGES JAMAIS DE VIANDE ?

– PARCE QUE JE SUIS VÉGÉTARIEN.

– AH ? ALORS MOI, JE SUIS VÉGÉTATOUT ?

LA VEILLE DE SON SPECTACLE DE DANSE, UNE MAMAN EXPLIQUE À SA FILLE MARIE, 7 ANS :

– JE NE PEUX PAS VENIR TE VOIR DANSER, J'AI UNE SÉANCE DE RÉÉDUCATION.

– BAH POURQUOI ? T'ES BIEN ÉDUQUÉE, MAMAN !

LE SOIR VENU, LA MAMAN DE MATTHIEU, 7 ANS, MET SON FILS AU LIT :

– ALLEZ AU LIT, MAINTENANT, TU NE M'APPELLES PAS, TU DORS !

– OK, JE T'APPELLE PAS TUDOR, JE T'APPELLE MAMAN !

CONVERSATION ENTRE MARCUS, 4 ANS ET DEMI, ET SA MAMAN :

– GOOD MORNING, C'EST « BONJOUR » EN ANGLAIS, ET EN ALLEMAND C'EST GUTEN TAG !

– GUTAG TAG… OH, C'EST TROP DUR À DIRE ÇA, MAMAN !

– MAIS NON, MON CŒUR, TU VERRAS, C'EST DRÔLE DE PARLER DANS D'AUTRES LANGUES !

MARCUS, EN SE TIRANT LA LANGUE :

– MAIS NON, JE NE PEUX PAS PARLER AVEC UNE AUTRE LANGUE, LA MIENNE EST BIEN ACCROCHÉE !

AU PETIT DÉJEUNER, LA MAMAN D'AMY, 2 ANS ET DEMI, LUI PROPOSE :

– Tu veux un kiwi ?

– Non, maman, un ki non.

Sauve qui pleut, maman, sauve qui pleut...

À LA MATERNITÉ, ROSE, 4 ANS, EST VENUE RENDRE VISITE À SA MAMAN ET À SON PETIT FRÈRE QUI VIENT DE NAÎTRE. SON PAPA LA MET EN GARDE :

– Il faut parler tout bas, Rose, il y a plein de nourrissons ici.

– Des nérissons pleins de piquants ?

Un hachis supermentier

MAMAN, J'AI DES MOUCHES DANS MES PIEDS...

LÉANE, 3 ANS,
QUI A DES FOURMIS DANS LES JAMBES

CHEZ SA MAMIE, LILIAN, 3 ANS, MET SES CHAUSSETTES TOUT SEUL ET DIT :

— T'AS VU, JE LES AI MISES TOUT SEUL !

— OH OUI, DIS DONC, LÀ TU M'ÉPATES !

— C'EST PAS DES PATTES, C'EST DES PIEDS !

JULIEN, 8 ANS :

— MAMAN, QU'EST-CE QUE ÇA VEUT DIRE « ENGENDRER » ? ET QU'EST-CE QUE ÇA VEUT DIRE « ÉMOTION » ?

— OH LA LA, JE NE SUIS PAS LE LAROUSSE !

— BAH NON, TU ES BLONDE...

UN PÈRE FACE À SON FILS BENJAMIN, 4 ANS, QUI N'ÉCOUTE RIEN :

— BENJAMIN, TU EXAGÈRES.

— NON, JE NE SUIS PAS XAGÈRES !

DEVANT SON PAPI, TIMÉO, 18 MOIS, FANFARONNE :

— PAPILLON, PAPILLON, PAPILLON !

PUIS IL SE RETOURNE VERS SA MAMIE ET DIT :

— MAMILLON, MAMILLON, MAMILLON !

UNE FAMILLE VIENT DE VISITER UNE FERME, OÙ ELLE A ASSISTÉ À LA TRAITE DES VACHES PAR UNE TRAYEUSE ÉLECTRIQUE. DEVANT DES MOISSONNEUSES-BATTEUSES DANS LES CHAMPS, THIBAUT, 7 ANS, DEMANDE :

— QU'EST-CE QUE C'EST ?

SON PETIT FRÈRE, FLORIAN, 4 ANS, RÉPOND :

— BAH, C'EST DES MACHINES À TRAIRE LES CHAMPS !

LILOU, 6 ANS,
EXPLIQUE LA COMPOSITION
DES BONBONS À SA MÈRE :

POUR FABRIQUER
DES BONBONS, IL FAUT
DE L'EAU, DU COLORANT,
DU GÉLIFIANT... MAIS LA CHOSE
LA PLUS IMPORTANTE,
MAMAN, C'EST DU SIROP
DE MYCOSE !

ILS SONT GENTILS
LA POLICE AVEC
LES GENS QUAND MÊME,
ILS DONNENT DES
AMANDES. MOI, J'ADORE
LES AMANDES.

EDEN, 6 ANS

DEVANT SA MAMAN
QUI MANGE UN YAOURT,
SHANA, 2 ANS :

IL EST BON TON
GROS SUISSE,
MAMAN ?

LILI, 6 ANS,
À SA GRAND-MÈRE :

ON VA JOUER
À PILE OU FACE,
MAMIE. TOI, TU ES
FACE ET MOI
JE SUIS PILOU.

JULES, 6 ANS, AU CP,
RENTRE DE L'ÉCOLE ET DIT :

MOI, JE NE FERAI
PAS DE DICTÉES.
JE NE SUIS PAS
UN DICTATEUR !

MAMAN,
JE PEUX AVOIR UN
"CROQUENICHON" ?

JULES, 4 ANS

Un appareil dentelle

MAMAN, REGARDE, ILS ONT ENCORE ALLUMÉ LA LUNE !

LOU, 3 ANS

SUR LEUR LIEU DE VACANCES, LES PARENTS DE THÉO, 8 ANS, CHERCHENT UN MUSÉE QU'ILS NE TROUVENT PAS ET DISENT :

– ALLEZ, ON VA DEMANDER À L'OFFICE DU TOURISME.

– C'EST QUI, LE FILS DU TOURISTE ?

AU MOMENT DES ÉLECTIONS EUROPÉENNES, UN PÈRE DIT À SA FILLE RAPHAËLLE, 4 ANS :

– ON VA VOTER AUJOURD'HUI, ON CHANGE DE MAIRE.

– MAIS JE VEUX PAS CHANGER DE MAMAN, MOI !

APRÈS UN CONCERT, HUGO, 4 ANS, EST INTERROGÉ PAR SON PAPA :

– SAIS-TU POURQUOI ON APPELLE ÇA DES INSTRUMENTS À VENT ?

– PARCE QU'ON LES A INVENTÉS AVANT ?

UNE MÈRE PROPOSE À SA FILLE MAYA, 2 ANS :

– POUSSIN, TU VEUX DE LA PASTÈQUE ?

– NON, PAS PASTÈQUE ! PAS PASTÈQUE, MAMASTÈQUE !

Un vélo à pétales

Merci à tous les papas et mamans qui m'ont prêtée les bons mots de leurs enfants, merci à mes enfants pour leurs phrases rigolotes que je note depuis des années, merci à mon éditeur Solar pour la confiance accordée !

DIRECTION ÉDITORIALE : CORINNE CESANO

ÉDITION : DIANE MONSERAT

CRÉATION GRAPHIQUE ET MISE EN PAGES : JOSÉPHINE CORMIER

FABRICATION : LAURENCE DUBOSCQ

ISBN : 978-2-263-06754-9
CODE ÉDITEUR : S06754
DÉPÔT LÉGAL : JANVIER 2015

Solar | un département **place des éditeurs**

place des éditeurs